EL MICALET GALÀCTIC
bromera

EL MICALET GALÀCTIC

COL·LECCIÓ DIRIGIDA PER JOSEP A. FLUIXÀ

ÚLTIMS TÍTOLS PUBLICATS DE LA SÈRIE CREMA - A PARTIR DE 8 ANYS

66. *Els animals agraïts.* Llorenç Giménez / Anna Roig
73. *Bum-bum! El fantasma esvalotat.* Mercé Viana / Felip Baldó
76. *El color del blat.* Eva Dénia / Sebastià Dénia
79. *Mira quina estrella.* Maria Jesús Bolta / Josep Vicó
83. *Silvèrius Flautus.* Enric Lluch / Juanjosé Cortés
91. *La fada dels somnis.* Mercé Viana / Ramon Pla
94. *Les aventures de Potaconill.* Carles Cano / Paco Giménez
103. *Alícia en el país del xocolate.* Xavier Mínguez / Ada García
109. *Un quixot amb bicicleta.* Enric Lluch / Pablo Olivero
113. *Contes d'Andersen.* Hans C. Andersen / Valentí Gubianas
120. *Jo Tirant, tu Carmesina.* Enric Lluch / Toni Cabo
123. *Julieta, Romeo i els ratolins.* Mariasun Landa / Marie Nigot
127. *El secret de les cinc llegendes.* Llorenç Giménez / Esperança Martínez
131. *Història de Marco i Mirko.* Gianni Rodari / Montse Tobella
137. *Oda als peus.* Marc Granell / Manuel Granell
139. *La nit dels animals.* Agustín Fernández Paz / Alberto Pieruz
143. *Poemes de butxaca.* Fina Girbés / Montse Ginesta
146. *Hansel i Gretel i altres contes populars.* Jacob Grimm i Wilhelm Grimm / Miquel Nolla
153. *El núvol enamorat i altres contes en vers.* Teresa Broseta / Xavier Tarazona
157. *Lula i les abelles.* Mercé Viana / Monse Fransoy

Hi ha unes *Propostes didàctiques*, referides a aquest llibre, que es poden descarregar de manera gratuïta des de la pàgina web www.bromera.com.

Aquest llibre ha obtingut una ajuda de la Conelleria de Cultura i Educació de la Generalitat Valenciana.

Disseny de la col·lecció: *Enric Solbes*
Impressió: *Guada Impressors*

1a edició: *abril, 1992*
13a edició: *octubre, 2010*
ISBN: *978-84-7660-121-1*
DL: *V-3902-2010*

EL MICALET GALÀCTIC

El rei Panxut redola i el rei Primal s'envola

Enric Lluch

Dibuixos d'Agustí Asensio

edicions
bromera

1. El rei Panxut el Tercer

Això diuen que era un país on hi havia muntanyes, rius i valls... També hi havia cases grans i menudes, amples i estretes... Vull dir que era un país com qualsevol dels que hi ha arreu del món.

¿Com es deia? ¡Ah, sí! Es deia Caramullàndia.

Aquest país tenia de tot i en abundància. La gent que hi vivia menjava i menjava sense parar i, per això, estaven grossos i redons com una pilota.

El rei d'aquest país tenia el seu castell al cim d'una de les muntanyes més altes.

¿Com es deia el rei? ¡Ah, sí! Es deia Panxut el Tercer.

Ningú no sabia amb certesa per què tenia aquell nom.

—¡Home!, ¡clar! —comentava un dels entesos— Perquè son pare i el seu avi també tenien el mateix nom...

—¡No senyor! —replicava un altre—. Li'l posà sa mare perquè quan nasqué tenia la panxeta com un meló d'Alger...

D'una manera o d'una altra, el nom li venia molt bé.

¿Sabeu? Panxut el Tercer s'havia fet tan gros, que des de feia sis o set anys no podia passar per cap porta del castell.

¡Sí! ¡Clar que li feia vergonya! Per això,

si venia qualsevol ambaixador d'un país estranger, el rei guaitava només els ulls i el nas per una de les finestres de la seua cambra i deia:

—Ambaixador: no el puc rebre perquè m'acabe de llavar els cabell i tinc por de refredar-me...

Per Nadal arribà de visita un rei molt important de la Xina. Aleshores, Panxut el Tercer manà cridar el seu ministre i li féu un escoltet. Després, el ministre s'acostà al rei de la Xina i li digué:

—El meu senyor, Panxut el Tercer, no el pot rebre perquè té una malaltia molt estranya que els metges ni saben ni poden curar. A més, creiem que la malaltia s'encomana de seguida.

El rei de la Xina mirà de reüll a un costat i a l'altre i, atemorit, se n'anà corrents, tot dient:

—¡Ui! No me'n recordava... He d'anar-me'n de seguida perquè m'esperen uns enemics amb qui m'he de barallar. Digueu al vostre rei que es millore prompte...

Per les coses que li passaven, el rei Panxut el Tercer estava cada dia més entristit i, de vegades, plorava d'amagat de cara a la paret perquè ningú no el vera.

Un altre dia, el seu ministre tocà a la porta de la cambra reial i, després de demanar permís per a parlar, digué mastegant les paraules:

—Senyor: tots els habitants del país hem pensat que caldria que vosté es casara el més

prompte possible... Tots els reis d'aquest país han tingut hereu, i vosté això ho té en bajoqueta perquè ni té nóvia ni té res.

En oir-ho, Panxut el Tercer es posà, de primeres, groc com el safrà; després, blanc com la calç, i, de seguida, roig com les roselles.

—¡Ai, ai, ai! —esclatà el rei— ¿I qui em voldrà a mi?

—¡Home! Sempre hi haurà alguna princeseta pel món, ¿no?

—¡Ai, ai, ai! I si em volguera alguna princesa... ¿on em casaria?

—¡Home! A l'església del poble, ¿no?

—Si no puc eixir per les portes... ¿com aniria a l'església?

El primer ministre es posà a pensar, i pensant estigué almenys mig matí.

—Senyor rei: cal que vosté s'aprime un poc...

—¿Com es fa això?

—Bé... Jo crec que si fa molta gimnàstica i menja poquet...

El rei, en oir-ho, s'enfadà molt amb el seu ministre:

—¡Fuig d'ací, ministre! ¡Tu el que vols és que muira suat i famolenc!

Però, a l'endemà, el rei s'ho va pensar millor i decidí cridar el seu ministre al castell.

—Potser tens raó... Faré tot el possible per aprimar-me.

2. El rei de Fideulàndia

Al costat del país de Caramullàndia, com si diguérem fent paret mitgera, hi havia un altre país on també es podien veure rius, muntanyes i valls. La gent que hi vivia era alta i prima com un fil de cosir perquè des de feia més de mil anys menjaven de tant en tant i poquet.

¿Com es deia aquest país? ¿Que no ho he dit? ¡Ah, sí! Es deia Fideulàndia.

També hi havia un castell reial. ¿On? Doncs amagat darrere d'una muntanya molt alta on no arribava ni el vent de llevant ni el de ponent, ni el de tramuntana ni el de migjorn.

Totes les dones, homes, xiquets i xiquetes del país passaven les hores mortes dins de les cases. Només eixien al carrer en cas de molta necessitat i, quan eixien, es posaven un vestit de color verd amb unes butxaques molt grans. I si, de sobte, s'alçava el vent, s'omplien les butxaques de pedres per no envolar-se...

També, naturalment, hi havia un rei. Es deia... (¡Ui! no me'n recorde, i això que el tinc a la punta de la llengua.) ¡Ah, sí! Es deia Primal el Segon.

Aquest rei era, com tota la gent d'aquell país, alt i prim.

El rei Primal el Segon passava també tot el sant dia dins de la seua cambra amb la porta, finestres i finestrons molt ben tancats per si de cas bufava un poc de vent i se l'emportava. De tant en tant, cridava ben fort fent botzina:

—¡Tanqueu totes les finestres i totes les portes del castell! ¡Tanqueu els finestrons amb els forrellats!

Clar que, amb les portes, finestres i finestrons tancats, les cambres i els corredors del castell estaven a fosques i, sovint, els soldats entropessaven els uns contra els altres i feien un muntó de llances, espases i cascos que feia por. Per això, el cap dels soldats, amb una navalleta, va fer uns foradets molt menuts a les finestres.

—Potser ara entrarà un poc de llum i els soldats no s'obriran el cap els uns contra els altres —pensà el capitost.

Però...

Un dia d'estiu, al rei Primal el Segon es clavà una punxa i es posà a cridar el metge:

—¡Metge! ¡Vine de seguida, que m'he clavat una punxa molt gran!

I com que no contestava ningú, el rei tornà a cridar:

—¡Metge! ¡Vine, que ja tinc tot el dit inflat!

Ni a la tercera ni a la quarta. Semblava que tots se n'hagueren anat. Per això, el rei Primal el Segon buscà un bon grapat de pedres i se les posà dins de les butxaques. Obrí un poc la porta de la seua cambra i, de seguida, s'adonà dels forats. De primer, li entrà un patatús. Després, a poc a poc, guaità per un dels foradets. I, per primera vegada en tota la seua vida, albirà una colla d'habitants del país veí que estaven de pas.

—¡Caram! —esclatà el rei Primal el Segon—. ¡Aquests no s'envolaran mai...!

Durant una bona estona mirà i remirà aquella gent.

—¡Mare meua! No porten ni butxaques per a les pedres ni res...

De sobte, girà en redó, se n'anà a la seua cambra i esperà que vinguera el seu ministre.

—Escolta'm bé —digué el rei—. ¡Vull ferme gros com els nostres veïns!

El ministre es va quedar de pedra, sense saber què contestar. Després es posà a passejar, amunt i avall, per la cambra reial.

Primal el Segon tornà a dir:

—¡T'he dit que vull fer-me gros com els nostres veïns...!

El ministre es parà en sec i contestà:

—Majestat: crec que això és ben difícil... Tinc entés que, per fer-se gros, s'ha de menjar més d'un granet d'arròs al dia.

—¿Més d'un granet d'arròs al dia?

—Molt més... Potser s'haura de menjar set o vuit grans sencers.

El rei Primal el Segon es posà ben trist. A poqueta nit cridà els soldats i els encomanà que travessaren la frontera del país veí.

—Vull saber per què estan grossos els nostres veïns...

Un dels soldats comentà:

—Majestat, ¿i si ens troben pel camí?

—¡Home! Digueu que us heu perdut...

De manera que els soldats, a la nit, s'ompliren les butxaques de pedres i travessaren la frontera de Caramullàndia. Caminaven a poc a poc i sense fer soroll. En arribar al poble guaitaren per la finestra d'una de les cases. Hi havia un home, una dona i dues xiquetes. Damunt de la taula es veia una dotzena llarga de pollastres i dos coixineres plenes de pa.

De sobte, l'home agafà un pollastre i, a continuació, la dona i les xiquetes feren el mateix. En un tres i no res no quedà sobre la taula ni un os ni una molleta de pa.

—¡Caram! —xiuxiuejà un dels soldats espies— ¿On s'ho han posat?

Investigaren cinc o sis cases més i en totes van veure el mateix. Per això, giraren en redó i se'n tornaren al seu país.

—Majestat —digué un soldat—. Els nostres veïns mengen més que una revolta de riu... Per això deuen estar grossos.

—Segur que és per això —confirmà un altre.

En oir-ho, Primal el Segon es posà encara més trist. Tot i això, a l'endemà comentà al seu ministre:

—M'ho he pensat durant tota la nit... Vull fer-me gros. He decidit menjar-me vuit grans d'arròs.

El ministre es quedà molt sorprés.

—¡Mare meua! Vaja a espaiet, majestat, no siga cosa que rebente.

—Ja ho tinc ben pensat... A més, si em faig gros, no caldrà que em pose pedres dins de les butxaques... I, potser, trobaré nóvia i tot.

3. El rei Panxut el Tercer ho intenta

El ministre disposà que portaren una catifa ben bona, de les que fan a l'Aràbia, i la posà als peus de Panxut el Tercer.

—Ara, majestat, gite's damunt de la catifa i faça unes quantes flexions...

El rei es llevà la capa amb tota la cerimònia i la deixà ben plegada damunt del setial. Però, encara no havia acabat de gitarse, quan es posà a redolar i redolar fins que entropessà amb una de les parets de la cambra.

—¡Ai, ai, ai! ¡Les costelles! ¡Ministre assassí! Tu el que vols és que jo muira per poder ser tu el rei!

—No, majestat... Potser no devíem haver començat per les flexions. Provarem una altra cosa més suau.

Després d'uns quants intents, el rei aconseguí alçar-se de terra i, de seguida, es tornà a posar la capa. El ministre plegà la catifa i, a continuació, tragué a empentes tots els mobles de la cambra.

—Majestat —digué—, prove a córrer a poc a poc per dins de la cambra.

El rei Panxut el Tercer es tornà a llevar la capa reial, alçà una cama i, de seguida, caigué de tos a terra. A redolons a redolons va anar a parar una altra vegada contra una paret de la cambra.

—¡Ai, ai, ai! —cridà el rei mentre es fregava les costelles— ¡Ara sé de segur que vols matar-me, ministre traïdor!

El ministre s'adonà que dins de la cambra no hi havia res a fer, de manera que cridà cent manobres perquè arrancaren tots els marcs i les portes del castell.

Però el mestre dels manobres no acabava de veure-ho clar:

—¡Que no! ¿Què farem si vénen els enemics? ¿On s'ha vist un castell sense portes?

Aleshores, el ministre va posar cara de llop, mostrà les dents i el mestre dels manobres s'engolí tot el que pensava.

Després d'arrancar els marcs i les portes del castell, el ministre manà que alçaren Panxut el Tercer i el tragueren fora del castell.

—¡I ara, busqueu el cavall més gran que hi haja a l'estable! —bramà el ministre.

Com un llamp, portaren una haca alta i ben fornida.

—Majestat —féu el ministre—, cal que puge damunt d'aquest cavall... Començarem, a poc a poc, per l'equitació.

Però, en sentir-ho, la gent comentà:

—De segur que esclafa l'haca...

—O li trenca les potes...

—O l'afona en terra com una tatxa...

Sembla que l'animalet, quan va oir els comentaris, s'escarotà. De manera que renillà i bufà tres vegades seguides, alçà les potes de davant i fugí al galop en direcció al bosc.

Llavors, el rei es lligà ben lligada la capa, mirà al sol i digué:

—Com que ja és migdia, ja n'hi ha prou per avui... Porteu-me dins, que és l'hora de dinar.

I el ministre:

—Majestat, recorde que ha de menjar poquet...

—Clar que me'n recorde... Em menjaré només cinquanta pollastres i vint pans.

4. El rei Primal el Segon també ho intenta

Després de tancar amb forrellat la porta de la cambra, el rei Primal el Segon va seure a taula.

Al costat dret, el cuiner del castell havia disposat un didal ple d'aigua; al mig, un plat amb els vuit granets d'arròs ben bullits.

El rei carraspejà, desplegà el tovalló i digué:

—¡Anem allà!

Prengué la forqueta, punxà el primer granet d'arròs, bufà un poc per no cremar-se i se'l posà a la boca.

—¡Mmmm! ¡Bo i gustós de veritat!

Mastegà ben mastegat el granet i se l'engolí. De seguida, va beure aigua del didal.

Punxà el segon granet d'arròs i el tastà.

—¡Ui, ui, ui! El note molt salat...

El cuiner contestà respectuós:

—Majestat, he bullit tots els granets alhora, en el mateix perol...

—Bé... Potser el note dolç, o dur, o massa bollit. El cas és que aquest granet no m'agrada.

Primal el Segon tastà tots els granets i, en acabar, confessà:

—El que passa és que ja no tinc gens de fam... Cuiner, emporta't el plat i el didal.

Així ho va fer el cuiner. Després, obrí la porta de la cambra reial i, per un pèl, no entropessà amb el ministre, que anava a entrar.

—¿Que no s'ha acabat el dinar, majestat?

Primal el Segon mirà el ministre de dalt a baix i respongué:

—¡Prova-ho tu i a veure com quedes!

El ministre es menjà mig granet d'arròs, va beure un glopet d'aigua i esclatà:

—¡Puff! ¡Estic tan ple que no puc ni moure'm de la cadira!

Durant una bona estona ni el rei ni el seu ministre obriren la boca. Després, Primal el Segon comentà entristit:

—¡Ai, ai, ai! ¡No podré fer-me gros mai en la vida, ni trobaré nóvia ni res!

Però, el ministre contestà:

—Potser hi ha alguna persona que sàpia com pot un fer-se gros d'una altra manera... He pensat, majestat, de fer un ban pertot arreu del món.

Dit i fet. El rei i el ministre agafaren el

llapis i, amb bona lletra, escriviren el ban:

«Jo, el rei de Fideulàndia, Primal el Segon, faig saber que, si alguna persona del món sap com fer-se gros sense menjar, que vinga com un llamp al meu castell i que m'ho diga. Si és veritat, li donaré de premi sis sacs sencers d'arròs, set plats daurats i vuit didals d'aigua ben clara. Si és mentida, no cal que vinga.»

—I ara, mana que quatre homes s'ómpliguen les butxaques de pedres i que porten el ban per les quatre direccions.

5. El rei Panxut el Tercer també fa ban

Després de menjar-se els cinquanta pollastres i els vint pans, el rei Panxut el Tercer començà a badallar i badallar fins que li feren mal les barres.

—¡No puc! —va gemegar—. ¡Estic més desmaiat que un gos! ¡Tinc la panxa més buida que una guitarra!

El ministre s'acostà temorós.

—¿Què li passa, majestat?

—¿Què m'ha de passar? Que em tremolen les cames de la fam que tinc... Digues, al cuiner que em porte cinquanta pollastres més, encara que siga. ¡Ah! I, de pas, que em porte vint panets.

El ministre féu cara llarga i, com si la cosa no anara amb ell, comentà:

—Senyor, cal que menge poquet si vol aprimar-se...

Aleshores, el rei pegà onze punyades fortes a la taula i esclatà:

—¡Ministre borinot! ¡Més valdria que enviares de seguida espies al país veí! ¡Que s'assabenten com és que són tan prims! Potser tenen algun secret.

El ministre, capmoix, obrí la porta de la cambra reial i s'acostà als soldats.

—Aneu al país de Fideulàndia i vigileu les cases. El rei vol saber per què són tan prims.

Però, el soldats començaren a queixar-se:

—¡Puff! No puc ni caminar... Com estic tan gros...

—¡Puff! Jo tampoc...

—Tinc els peus tan inflats que no em caben ni les sabates...

—No em puc posar el casc...

Per això, el ministre s'enfadà molt i els manà alçar-se de terra.

—¡Si no us n'aneu de seguida, us tiraré a redolons des de dalt del castell!

Els soldats passaren una bona estona preparant-se per caminar. A la fi, remugant, ompliren sis sacs amb entrepans i es posaren en marxa. Era ja fosc quan travessaren la frontera de Fideulàndia. Hi van veure tres cases, però no hi havia ningú a taula.

—¿Aquests no mengen o què? —preguntà un dels soldats.

—Potser tenen el costum de sopar més tard... —comentà un altre.

Els soldats, aleshores, feren rotgle i es menjaren els sis sacs d'entrepans. Poc després, i a poc a poc, s'apagaren els llums de totes les cases de Fideulàndia.

—Ací no sopa ningú... —xiuxiuejà un soldat.

—Potser mengen a fosques...

Però, de seguida, oïren roncar en set o vuit cases alhora i, per això, saberen que tots dormien a Fideulàndia.

En tornar al seu país es presentaren

davant el ministre i li contaren tot el que havien vist.

—¿I no han sopat?

—No, senyor.

—¿Ningú, ningú?

—Ningú, senyor ministre.

Quan el rei s'assabentà, pegà onze punyades més a la taula.

—¡Clar! —esclatà— ¡Per això són tan prims!

Panxut el Tercer i el seu ministre passaren tota la nit pensant i pensant fins que els va eixir fum per les orelles. A la matinada, el rei es quedà mirant el sostre i movent el cap a l'un costat i a l'altre durant una bona estona. De sobte, cridà:

—¡Ja ho tinc! Faré un ban i manaré que el porten ben embolicat pertot arreu del món. ¡Ministre, agafa el llapis i escriu!

Així ho féu el ministre... ¿Voleu saber què posava en el ban?

«Jo, Panxut el Tercer, rei de Caramullàndia, faig saber que, si hi ha alguna persona que sàpia com es pot aprimar un sense deixar de fartar, que vinga com un coet al meu castell. Si ho aconsegueix, li donaré de premi cinquanta pollastres i trenta pans.»

6. N'arriben des de tots els racons del món

Durant bastant de temps, els pregoners de l'un i de l'altre país recorregueren camins i caminals, pobles i poblets de tot arreu del món. Llegiren el ban mastegant ben bé les paraules perquè tots s'assabentaren del que deien. Un bon dia, quan hagueren gastat del tot les soles de les sabates, se'n tornaren al seu país.

Pocs dies després, començà a arribar gent i més gent de tots els racons del món: alts i baixos, negres i blancs, grossos i prims.

Al país de Fideulàndia n'arribà un més alt que un pi, groc de pell, amb una barba que li arribava als genolls. En entrar a la cambra del rei Primal el Segon, cantà una cançoneta curta, alçà els braços i amb una veuota com si parlara des de dins d'una gerra, digué:

—¡Alalí, alalà! ¡Sóc el savi més savi de tots els savis! ¡Alalí, alalà! ¡Puc traure un conill de la mànega i fer espurnes només fregant-me els ulls! ¡Alalí, alalà!

De seguida, Primal el Segon li preguntà:

—Digues, savi, ¿saps com es pot fer un gros sense menjar?

Aquell home contestà:

—Això no ho sé, majestat, però puc traure un elefant de dins d'una bosseta i, també, trencar un ferro amb un mos.

N'arribà un altre, gros i rogenc de cara, amb una capseta de color blau. Cantà una altra cançó i, de seguida, digué:

—Dins d'aquesta capseta porte unes pastilles meravelloses, majestat. Se'n pren una i li creixen els cabells; se'n pren dues i li creixen les ungles de les mans i dels peus...

Aleshores, Primal el Segon li tallà la xerrameca i li preguntà:

—¿Amb les teues pastilles em puc fer gros sense menjar?

L'home gros i rogenc contestà:

—No ho sé, senyor.

—Molt bé, pren-les tu i veurem què passa...

Així ho féu l'home gros i rogenc: ni li cresqueren els cabells ni les ungles ni res d'això... ¡Ah! Però li entrà un mal de panxa molt gran, canvià de color de cara i se n'anà corrents per on havia vingut.

No penseu que només hi acudiren aquests dos personatges al país de Caramullàndia. També hi anà molta més gent. Per exemple, un estranger que semblava que arribava des de l'altra part del món perquè parlava menjant-se la meitat de les paraules i que, per això mateix, ningú no entengué ni pruna del que digué. Aquell home portava un sac de cànem lligat amb una cordeta.

—¿M'aprimarà? —preguntà el rei.

—No ho sabem, majestat —contestà el ministre—, com que no entenem el que diu...

L'estranger, de primer, alçà la vista cap al sostre del palau, deslligà el sac, en tragué un perolet menut i el destapà. De seguida, començà a eixir del seu interior un fum blau molt espés, que va fer esternudar tots els que hi havia en la cambra reial.

—¡¡¡Atttxuuummm!!!

El rei Panxut el Tercer, després d'esternudar sis vegades seguides, preguntà:

—Escolta, amb aquest fum, ¿em puc fer prim menjant bona cosa?

Però, l'estranger no badà boca. Encara més: tornà a posar la mà dins del sac i en tragué un altre perolet. El destapà, i del seu interior començà a eixir un fum més espés encara i de color groc.

—¡¡¡Atttxuuummmm!!!

El rei esternudà sis vegades més i tornà a preguntar:

—¿Amb aquest fum groc, m'aprimaré? ¿Sí o no?

Res tampoc. L'estranger regirà dins del sac i en tragué un altre perolet. Aquell va fer un fum més roig que una tomaca madura.

Aleshores, el ministre obrí la porta i les finestres de bat a bat i el fum se n'eixí en un instant.

L'estranger, en veure el que havia fet el ministre, es posà a cridar com un boig, tancà les finestres i la porta i, fent cara de pomes agres, tragué un altre perolet amb fum de color verd.

Com que no treien trellat amb els fumets i no paraven d'esternudar, Panxut el Tercer cridà els seus soldats i els ordenà que s'emportaren aquell estranger i el seu sac lluny de les terres de Caramullàndia.

—Ja estic fart de tant de fum —comentà el rei.

Un parell de dies després, en vingué un altre que parlava més que les cotorres.

—Sí, majestat, sí —començà dient—.

Venc mantes de llana de primera qualitat, camises i camisetes, batidors de ferro, de fusta i de corall, agulles de cosir, pedretes de la mar salada, llapis de tots els colors, culleres de ferro i de fusta, plats de porcellana, pells de llangostí i mistos de tro... Però no acaba ací la cosa, no. Sé curar els mals de panxa amb herbes de les muntanyes, lleve el mal de queixal amb fulles de parra, mesure a ull el pes de les persones, compre i venc tot tipus de matalassos...

Parlant i parlant sense parar, ben prompte atabalà el rei, el ministre i els soldats. Per això, Panxut el Tercer colpejà amb el puny damunt de la taula i, de seguida, preguntà:

—¿Pots aprimar-me o no?

—Paciència, majestat —continuà l'home—. Tinc unes altres herbes que fan meravelles; les preneu ara i, en un instant, perd la meitat del pes.

—¡Vinga —féu el rei, més content que

unes pasqües—, trau les herbes!

Aleshores, aquell home agafà el cucurull on portava les brossetes i comentà com qui no vol:

—Són un poc cares, ¿sap?

—¡Digues quant valen i te les pagaré de seguida!

—Bé... —carraspejà l'home— Valen mil monedes de plata.

—Ministre, ¡trau les monedes! I ara, posem aigua al foc per fer bullir les brosses.

—No cal aigua, majestat... Se les posa a la boca, les rosega ben rosegadetes i ja està.

Així ho va fer el rei. I, de seguida, aquell home esclatà:

—¡Ja està!

—Ja està, ¿què? —preguntà Panxut el Tercer.

—Això. Que ara pesa la meitat. Li ho dic jo, que sé mesurar a ull el pes de les persones.

Aleshores el rei mirà el seu ministre.

—¿És veritat que estic més prim?

—Jo el veig igualet, senyor rei.

Els soldats remugaren entre dents:

—Jo el trobe igual de gros...

—Potser més...

Panxut el Tercer es posà com un bou amb aquell xarlatà, li llevà les monedes de les mans i manà que els seus soldats el tragueren de les orelles.

Després de menjar-se cent llonganisses i trenta pans a l'hora de dinar, el rei s'entristí més que mai.

—¡No em podré fer prim! ¡No em podré fer prim!

El ministre, en veure'l així, li digué:

—Tinga paciència, majestat... Potser vindrà algun savi dels que hi ha pel món i ens donarà la solució.

7. *El venedor de panses*

Durant molt de temps, només arribaren xarlatans i bocafluixos que no digueren altra cosa que mentides o ximpleries. Però ningú no donà cap solució per a fer-se ben gros sense menjar o prim menjant bona cosa.

Un dia d'estiu, de bon de matí, arribà al mercat de la plaça de Fideulàndia un venedor de panses. Plantà la seua parada i es posà a cridar ben fort perquè tothom l'oïra:

—¡Les millors panses del món! ¡Porte les panses més fines i dolces!

Però ben prompte s'adonà que no acudia ningú al mercat.

—Deu ser perquè la gent matineja poc en aquest país... —pensà.

Va seure al catret de fusta que portava sempre amb ell i esperà. Quan el sol començà a cremar de calent, el venedor de panses s'alçà del banquet i tocà a la porta d'una de les cases.

—¿Qui és? —digué una veu de dona des de dins.

—Sóc un venedor de panses.

—No volem panses.

El venedor tornà a insistir.

—¿Qui és ara?

—Sóc el venedor de panses...

—Li he dit que no volem panses.

—No vull vendre-li panses.

—¿Què vol, doncs?

—M'agradaria saber per què no es veu gent pel mercat.

—Perquè avui fa massa vent.

El venedor es llepà el dit i l'alçà. Sí. Feia un poc de vent... Però, ¿per això no eixien les persones al mercat?

—¡Que estrany! —pensà.

Encara que no ho entenia, tornà a seure al banquet de fusta un instant. Després, tocà a la porta una altra vegada.

—¿Qui és?

—El venedor de panses.

Aleshores s'obrí un badall d'una finestreta.

—¿I què vol ara?

—Preguntar per què no ix la gent al mercat...

—¡Ja li ho he dit abans! ¡Perquè fa vent!

—¿I què?

—Doncs... Que en aquest país som molt primets i tenim por que el vent se'ns emporte.

—¿Això és veritat? —preguntà el venedor.

La finestreta de la casa s'obrí un poc més i la dona tragué els braços.

—¡Mare meua! ¡Semblen fideus! Escolte, ¿tots són així de prims?

—Jo sóc de les més grosses... I ara ja ho sap. Si vol vendre panses avui, més val que travesse pel pont vell i se'n vaja al país veí. Allí tots són ben grossos i no temen envolar-se.

El venedor de panses plegà la parada i, abans de marxar, tornà a tocar a la porta.

—Escolte, senyora ama, ¿i per què no es fan un poc més grossos?

—Perquè no podem, ¡i això que el nostre rei s'ha entossudit a fer-se gros i ha fet ban i tot!

—¡Vaja ximpleria! —esclatà el venedor de panses—. Si un vol fer-se gros, en pujar la muntanya del Trellat i beure's tres gotes de suc de pedres de lluna...

—¿I vosté com ho sap?

—Al meu país, fins els xiquets de bolquers ho saben...

De seguida, es penjà al coll el fardellet de les panses i les fustes de la parada i marxà al país veí, és a dir, a Caramullàndia.

En arribar-hi, s'adonà que tots eren molt grossos. De tant en tant, moltes dones, homes i xiquets queien a redolons pels carrers i entropessaven contra les parets de les cases.

El venedor de panses muntà la parada i començà a cridar ben fort:

—¡Les millors panses del món! ¡Porte les panses més fines i dolces!

De seguida, s'acostà una dona i li digué:

—¿A com les ven?

—A sis monedes el quilo.

—Doncs... Pose-me'n vint quilos.

—¿Vint quilos? No en porte tantes...

—Doncs ¡pose'm totes les que tinga!

El venedor va fer un cucurull ben gran, ficà dins totes les panses que duia i li les donà. La dona obrí la boca com un forn i en quatre mossos es menjà el paper i tot.

—¡Mmmm! ¡Dolces, sí que estaven! ¡Mmmm! ¿De veritat que ja no en porta més?

—No, senyora.

De seguida, s'acostaren tres dones més i dos homes.

—Volem panses...

—Ja no me'n queden.

—¿Com que no? ¡Si acabem d'oir que porta les millors panses del món!

—Sí. Però aquesta dona se les ha acabades.

Un dels homes cridà:

—¡Jo volia panses!

I una altra dona:

—¡Veja ara què farem! ¡Ens morirem de fam!

El venedor posà ulls d'ovella ofegada i comentà:

—Ho sent, de veritat... Jo no sabia que vostés menjaven tant. Si ho haguera sabut, n'hauria dutes bona cosa.

Una de les dones aclarí:

—¡Clar que mengem molt! ¡Com que tenim la panxota tan gran...!

El venedor de panses plegà la parada a poc a poc i, al cap de poc, preguntà:

—¿I per què no s'aprimen?

Un dels homes contestà:

—Perquè no sabem... Inclús el nostre rei, Panxut el Tercer, ha fet un ban per buscar una solució, i aquesta és l'hora que ningú no l'ha trobada. I això que han vingut savis de totes les terres del món.

El venedor de panses es carregà al llom les fustes de la parada i, abans d'anar-se'n, digué:

—Ho tenen ben fàcil: se'n pugen a la muntanya del Trellat, es beuen tres gotetes de suc de pedres de lluna i ja està.

8. La muntanya del Trellat

El Rei Primal el Segon es menjà mig granet d'arròs, es rentà les dents ben rentades i va seure al seu cadiral.

De sobte, s'obrí la porta de la cambra i entrà el ministre, més de pressa que un coet.

—¡Senyor rei! ¡Senyor rei! ¡Ja ho sé! ¡Ja ho sé!

Primal el Segon s'agarrà ben fort dels braços del setial perquè no portava les pedres a les butxaques.

—¡Ministre! ¡Vaja educació! ¡Toca a la porta abans d'entrar, home! ¡I tanca-la, no siga cosa que m'enlaire! ¡Ah! I dis-me de seguida què és això que saps.

El ministre tancà la porta i esclatà molt emocionat:

—¡Majestat, sé com fer-se gros sense menjar! ¡M'ho ha dit un home que venia panses a la plaça del mercat!

Primal el Segon pegà un bot i preguntà:

—¿De veritat?

—¡Sí, senyor! ¡Sí, senyor!

—¿Què s'ha de fer? ¿Qui li ho ha dit, a l'home?

El ministre contà fil per randa tot el que sabia de l'assumpte. El rei es gratà els cabells, es fregà les mans, va moure el cap a l'un costat i a l'altre i, a la fi, parlà:

—De manera que la muntanya del Trellat... Suc de pedres de lluna... ¡Hummm! No sé per què, però no m'ho puc acabar de creure.

—Senyor rei, el venedor de panses digué que al seu país fins els xiquets de bolquers ho sabien.

Primal el Segon tornà a cavil·lar i cavil·lar.

—Digues, ministre, ¿per on para la muntanya del Trellat?

—No ho sé, majestat...

—¡Mou-te de seguida i mana que vinguen tots els sabuts que hi haja al país!

* * *

Mentrestant, el rei Panxut el Tercer s'havia menjat ja seixanta entrepans de pernil, set pots plens d'olives negres i vuit formatges sencers.

—Encara tastaria unes quantes dotzenes de dàtils... Em note un poc desmaiat.

No havia tastat encara el primer dàtil quan tocaren a la porta de la cambra.

—¡Estic dinant! —bramà el rei.

—Sóc jo, majestat —contestà el ministre des de fora—. ¡Porte notícies molt bones!

—¡Passa!

El ministre li contà el que havia dit el venedor de panses en el mercat, i Panxut el Tercer obrí els ulls molt oberts i no volgué tastar més dàtils.

—Dis-me de seguida per on para la muntanya del Trellat.

—No ho sé, majestat.

—¡Vaja ministre! Vés i parla amb tots els mestres d'escola i busca als mapes que hi haja al país. Demà, a la matinada, aniré a la muntanya, em beuré les gotes de suc de pedres de lluna i em faré prim.

A poqueta nit, tornà el ministre. Venia un poc pensarós.

—¿Què et passa? ¿No l'has trobada o què?

—Ja sé per on para la muntanya, majestat... Està per la part de ponent. Però queda ben lluny. I com vosté està tan gros...

—¿Què?

El ministre carraspejà.

—¡Hemm! Que si va a peu tardarà a arribar un parell d'anys, i com tampoc pot hi anar a cavall perquè l'esclafaria... ¡Hemm! La veritat, ho trobe ben difícil, senyor rei.

Aleshores, Panxut el Tercer pegà sis punyades seguides damunt de la taula i cridà:

—¿No ets tu el ministre? ¡Posa't a pensar de seguida! Demà, de bon matí, vull anar a la muntanya del Trellat.

Encara no havia guaitat el sol per llevant, quan el rei Panxut el Tercer ja tenia la capa posada.

—¡Soldats, veniu ací i porteu-me fora del castell!

En arribar a la porta d'entrada, el rei preguntà:

—¿I el ministre?

—Ha passat la nit a l'estable, majestat.

—¿I què feia a l'estable?

—No ho sabem, senyor rei, però els cavalls s'han fet de renillar que s'han llevat la pell.

De sobte, aparegué el ministre amb dos cavalls alts i forts, lligats junts per la panxa i pel coll amb unes cordes molt grosses.

—¿Això què és, ministre? —preguntà Panxut el Tercer.

—Majestat, si va damunt de dos cavalls alhora potser no els esclafe i puga arribar ben prompte a la muntanya del Trellat.

Els soldats feren molta força i aconseguiren pujar el rei damunt dels dos cavalls. I, encara que les potes dels animalets tremolaren un poc, pogueren moure's set o vuit passes avant i enrere.

—¡Ei, ministre! ¿Que no em dónes el mapa?

—No cal, majestat. És la muntanya més alta que es veu per ponent.

Panxut el Tercer esperonà les haques, cridà: «¡arri, haques!», i se n'anà a buscar les pedres de lluna.

9. El poble al peu de la muntanya

Les dues haques i, damunt d'elles, Panxut el Tercer, eixiren de les fronteres de Caramullàndia i creauren un barranc per on passava un riuet que duia poca aigua.

La muntanya del Trellat es veia cada vegada més clara.

—¡Xooo, haques! —cridà el rei.

¡Ai! De sobte, Panxut el Tercer es va fer del color del safrà. ¡S'havia oblidat del menjar! ¡No s'havia recordat tampoc de l'aigua! Potser per això, sentí una fam com mai no l'havia sentida.

—¡Mare meua!

Mirà a l'un costat i a l'altre, demanà socors, xiulà posant-se els dits dins de la boca... Però els dos cavalls bevien glopets d'aigua del riu i pasturaven l'herba verda i fresca que creixia a la mateixa vora.

Estirà els ramals de les haques perquè es posaren en marxa, però els animalets es feren els llonguis ja que estaven pasturant molt a gust.

—¡Mare meua! ¡Tinc un desmai...!

Provà a deixar-se caure a poc a poc des dels lloms dels animalets, però li entrà por de caure i redolar i redolar barranc avall.

—¡Ai! ¡Quina fam! ¡Arri, haques!

Els cavalls no pararen de pasturar i pasturar bona cosa, fins que, tot d'una, alçaren el cap i plantaren les orelles.

Una haqueta blanca creuava el riuet. A cavall, s'hi veia un home prim, amb un vestit de color verd.

—¡Ací, ací! ¡Socors! —cridà Panxut el Tercer.

L'haqueta blanca s'aproximà i es disposà a pasturar. Aleshores, l'home prim preguntà:

—¿Qui ets tu?

—Sóc el rei de Caramullàndia, Panxut el Tercer... ¡Vinga! Ajuda'm a baixar, dóna'm bona cosa de menjar i et concediré tot el que em demanes.

—No puc ajudar-te.

—¿Com que no? ¿Per què?

—Doncs... Perquè porte poc de menjar. Només duc tres granets d'arròs i, ...¡caram!, jo també sóc rei.

—¿Rei? ¿D'on ets tu rei?

—¡De Fideulàndia! Sóc Primal el *Segon*. A més, encara que volguera no podria buscar-te menjar, perquè vinc lligat a l'haca de mans i peus per no envolar-me.

De primer, Panxut el Tercer renegà tot el que sabia, però, adonant-se que no treia res en clar, s'assossegà un poc.

—Escolta'm, si et deslligue les mans i els peus... ¿em duràs bona cosa de menjar?

—¡Psse! Deslliga'm i ja en parlarem, d'això.

Després de fer milanta maniobres, Panxut el Tercer aconseguí deslligar el rei Primal. Aquest, en veure's lliure de les cordes, botà a terra i començà a omplir-se les butxaques del vestit verd amb les pedres més grosses que hi havia al costat del riuet.

—¿Què fas ara?

—¿Que no ho veus? ¡Posar-me pedres a les butxaques per no enlairar-me!

De seguida, Primal el Segon caminà tres passos amunt i tres passos avall, però no trobà res de menjar.

—Per ací no hi ha ni garrofers... —comentà.

—¡Veges si hi ha un poble a prop! —cridà Panxut el Tercer.

—¡Ei, ei! ¡A mi no em manes! A més, ara vaig a dinar...

Primal el Segon agafà l'albarda i en tragué una capseta on duia tres granets d'arròs ben cuits. Se'n menjà un sencer i, de seguida, digué:

—¡Estava desmaiat!

Va fer tres passes més amunt i tres passes més avall i es posà les mans a la panxa.

—¡Ui! ¡Quina cosa més estranya! ¡Tinc fam una altra vegada!

En un tres i no res es menjà els altres dos granets d'arròs que portava a la capseta. Va fer tres passes més i tornà a sentir fam.

—Açò no està clar... —va remugar.

Mentre, Panxut el Tercer, que ja no podia més, bramà:

—¿Buscaràs un poble o no?

I, com que les haques havien pasturat bona cosa, Primal el Segon se'n pujà a lloms del seu cavall, agafà els ramals de les haques del rei Panxut i cridà:

—¡Arri, haques! ¡Anem! ¡Que torne a tindre fam!

Després de travessar un canyar, van veure un poble al mateix peu de la muntanya.

—¡Encara com! —remugà Panxut el Tercer.

Unes quantes xiquetes jugaven a fer cassoletes de fang al costat d'una séquia.

—¡Mireu quin home més prim! —va fer una d'elles.

—¡Caram! ¡Mireu aquell! ¡Que gros! —digué una altra.

Aleshores, Panxut el Tercer tornà a renegar bona cosa.

—¡Ei, xiquetes! Crideu de seguida el senyor alcalde i digueu-li que han vingut dos reis. ¡Vinga!

Les menudes deixaren caure en terra les cassoletes de fang i s'allunyaren com un coet.

Uns moments després, vingué corrents un home que portava a la mà una corbella. Rere d'ell, en venien una dotzena més.

—¿Qui són vostés? —preguntà— ¿Per què han espantat les xiquetes?

—¿Que no ho veus? ¡Mira les capes que portem! ¡Són capes reials! —contestà, orgullós, Panxut el Tercer.

L'home de la corbella obrí bé els ulls, mirà les capes, deixà caure la corbella i digué:

—Majestats...

—¡Vinga, vinga! Deixa't estar de cerimònies. Mana que em baixen de les haques i que em porten bona cosa de menjar.

* * *

Durant tres dies, Panxut el Tercer no parà de menjar i de beure. I, encara que semble mentida, Primal el Segon es menjà una cullerada sencera d'arròs.

L'alcalde i la resta de la gent del poble es feien creus de veure com un rei menjava tant i l'altre tan poquet.

—De segur que el gros rebenta...

—¿Heu vist el prim? ¡Només una cullerada d'arròs en tres dies!

Al quart dia, Panxut el Tercer deixà caure el cullerot damunt de la taula i preguntà a l'alcalde:

—Escolta, ¿quant de temps tardaré a pujar la muntanya del Trellat?

En oir el nom de la muntanya, Primal el Segon botà de la cadira.

—¿Que tu també vas a pujar-hi?

—¡Veges! ¡Vull fer-me prim!

Aleshores, Primal esclatà a riure.

—¡Ha, ha, ha! ¡Si puges et faràs més gros encara!

—¿Això qui ho ha dit? —preguntà el rei Panxut.

—Ho digué un venedor de panses que vingué al meu país. Més encara, jo hi vull pujar perquè voldria fer-me gros sense menjar.

—¡No és veritat! El venedor de panses digué que bevent suc de pedres de lluna de la muntanya del Trellat un es feia prim encara que menjara bona cosa.

—¡No senyor! ¡És a l'inrevés...!

—¡A mi m'ho diràs...!

Així passaren una bona estona fins que l'alcalde carraspejà i aclarí:

—Majestats, siga com siga, ni l'un ni l'altre podran pujar a la muntanya.

—¿Ah, no? ¿I per què, si es pot saber?

—Perquè l'un és massa gros i no hi

podrà pujar a peu, i l'altre és tan prim que s'envolarà en la primera revolta.

—¡Jo pujaré a lloms dels meus cavalls!

—¡I jo em lligaré damunt de la meua haca...

—Majestats —continuà l'alcalde—, d'ací endavant, no hi ha més pobles, ni caminals, ni senders. Per tant, només es pot pujar a peu.

De primer, el dos reis, en oir-ho, es quedaren com si foren de marbre. Però, Primal el Segon, alçà la cara i digué tot cerimoniós:

—¡Jo, Primal el Segon, me'n pujaré al cim de la muntanya!

I, de seguida, Panxut el Tercer, exclamà:

—¡Si aquest puja, jo també!

10. Camí de la muntanya del Trellat

Mentre Primal el Segon es ficava un grapat més de pedres dins de cadascuna de les butxaques i omplia la seua capseta amb onze granets d'arròs, Panxut el Tercer es preparà un parell de sacs de cànem, ben grans, amb menjar. Tot seguit, digué:

—Senyores i cavallers, me'n vaig a la muntanya.

Va fer tres passos, reculà un poc i caigué redolant, redolant fins entropessar contra una de les cases.

A tot açò, el rei Primal va fer també tres passos i, de seguida, sentí molta fam. Obrí la capseta i es menjà dos granets d'arròs. Caminà tres passos més, tornà a tindre fam i es menjà quatre granets. Tres passos més i s'acabà tot l'arròs. Per això, cridà l'alcalde i digué:

—¡Porteu-me un altre grapadet d'arròs, que estic desmaiat!

Panxut el Tercer havia aconseguit alçar-se de terra. Caminà set o vuit passos i tornà a caure redolant.

—¡Ai! ¡Les costelles! ¡Ai! ¡El cap!

—Deixe-ho estar, majestat —comentà la gent del poble—. S'obrirà el cap contra la paret i es farà pols les costelles...

Però, veient que Primal el Segon continuava caminant, tornà a alçar-se de terra a poc a poc. De sobte, sentí una fam gran, molt gran.

—Si menge ara —va pensar—, de segur que no podré caminar.

De manera que tancà les dents, es torcà la suor amb la capa reial i tirà endavant.

A poqueta nit, el dos reis només havien caminat una vintena de passos. Per això, la gent del poble es cansaren de mirar, van fer mitja volta i se n'anaren cap a les seues cases, dient:

—Aquests no arriben ni en cent anys...

—De segur que es faran vells pujant...

Durant tota la nit, Primal el Segon no parà de menjar granets d'arròs, mentre que Panxut el Tercer no tastà ni l'aire.

A la matinada havien caminat un centenar de passos.

¡Alcalde! —cridà Primal en oir els galls— Porteu-me més arròs, que em tremolen les cames de la fam que tinc!

—¡Alcalde! —bramà Panxut— Guardeume la capa reial, que porte una acalorada de por!

A migdia, els dos reis van seure damunt d'unes pedrotes.

—Escolta, rei Panxut, ¿tu per què vols fer-te prim?

—¡Home! Perquè no puc ni moure'm —contestà Panxut el Tercer—. A més, vull trobar nóvia... I tu, ¿per què vols fer-te gros?

—¡Caram! ¿Que no em veus? He passat tota la vida posant-me pedres dins de les butxaques... ¿Saps? Jo també busque nóvia i com que sóc tan prim pot ser que ni tan sols em podria veure.

En arribar la nit havien caminat més de mil passos. Van seure una altra vegada i, mentre Primal es menjava set cullerades senceres d'arròs, Panxut el Tercer comentà:

—¿Saps? No he menjat res de res i no tinc gens de gana... ¡Quina cosa més estranya!

—Més estrany és el que em passa a mi. No he parat de menjar en tot el sant dia i encara tinc fam.

Van fer una dormideta i, encara de nit, es posaren a caminar.

* * *

L'alcalde guaità per la finestra de sa casa, mirà per ací i per allà i no va trobar els reis.

—De segur que el gros se n'ha anat redolant cap al barranc i el prim s'ha envolat, perquè no s'hi veuen...

Encara i això, omplí una botija d'aigua, agafà un saquet i posà dins pernil i formatge. Tot seguit, es dirigí cap a la muntanya.

En passar el tercer repetjó se'ls trobà a l'ombra d'un pi.

—Majestats, em pensava que s'havien pegat un colp contra les pedres del barranc...

I, en acostar-se més, es quedà mirant el rei Primal un moment i exclamà:

—¡Caram! ¡Vosté té panxeta!

—¿Sí?

—¡Com li ho dic!

I, de seguida, es fixà en el rei Panxut.

—¡Caram, majestat! ¿On s'ha posat vosté la panxota?

—¿Que no en tinc?

—¡Pufff! La meitat de la meitat!

El rei Primal el Segon, en un bufit, es menjà tot el pernil i el formatge. Panxut el Tercer va beure tres glops d'aigua de la botija i continuaren la marxa.

Caminaren durant un parell de setmanes. A la fi, arribaren al cim de la muntanya del Trellat. Buscaren per ací i per allà i no trobaren cap pedra estranya.

—Escolta, ¿tu saps com són les pedres de lluna?

—No... Però potser són negres.

—O blanques. Perquè la lluna es veu blanca, ¿no?

—De nit, sí. Encara que té taques negres.

Escarbaren amunt i avall, però totes les pedres eren del mateix color que la resta de la muntanya.

—¿I si el venedor de panses ens haguera enganyat?

—Quina gràcia, ¿no?

I, encara que passaren tot un dia fussant la terra amb unes branques, no trobaren les pedres de lluna.

* * *

En tornar al poble, van veure les xiquetes jugant amb el fang al costat de la séquia.

—¡Ei, xiquetes! Busqueu l'alcalde.

Les xiquetes deixaren de jugar i contestaren:

—Potser no el trobarem a casa, senyors. Deu haver-se'n anat a buscar uns reis bojos que han pujat a la muntanya...

—¿Com?

—Sí, senyors. Un rei molt gros, molt gros i un altre que semblava un fideu.

Aleshores, Panxut el Tercer es posà com un bou.

—¡Xiquetes! ¿Quina manera de parlar és aquesta? ¿Això què vol dir? ¿No us heu adonat que nosaltres som els reis?

—¡Sí, home! —contestà una de les xiquetes— Aquells reis semblaven un tonell i un fil de cosir.

Llavors, Primal el Segon va seure al costat de la séquia, es va mirar en l'aigua i exclamà:

—¡Tinc colors de cara i tot! ¡Tinc panxeta i braons! ¡Mira, mira!

El mateix va fer el rei Panxut, i per un pèl no caigué a la séquia.

—¡Mare meua! ¡Si no em conec! ¡Si em sobra vestit per tots els costats!

* * *

Després de convéncer la gent del poble que ells eren els reis que havien pujat a la muntanya del Trellat, aparellaren les haques i se n'anaren cadascú al seu país. I encara com portaven les capes reials, perquè ningú no els va conéixer de primer moment.

—¿Com ho ha aconseguit, majestat? —preguntaren uns de Caramullàndia.

—¿Com ho ha fet, senyor rei? —preguntaren uns altres de Fideulàndia.

—Doncs... Pujant a la muntanya del Trellat —contestaren els reis Panxut el Tercer i Primal el Segon.

I, des d'aquell dia, moltes de les persones d'un país i de l'altre anaren a la muntanya del Trellat: els uns, per fer-se prims, els altres, per fer-se grossos...

I, ¿sabeu què?

Jo crec que no arribà ningú a beure suc de pedres de lluna.

ÍNDEX